Nereide Schilaro Santa Rosa

O mundo da música

Ilustrações de Thiago Lopes

Volume 2 - Alfabetização musical 1

callis

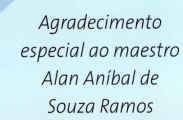

Agradecimento
especial ao maestro
Alan Aníbal de
Souza Ramos

Feche os olhos.
"Abra" os ouvidos.
O que você ouve?
Existem muitos sons ao seu redor.
Eles formam uma paisagem sonora!

O SONS NOS EMOCIONAM

Os sons nos acompanham desde que nascemos.

Eles nos transmitem vários sentimentos e, muitas vezes, estão relacionados a acontecimentos importantes da nossa vida.

Certos sons ficam marcados em nossa memória. Quando os escutamos, nós nos lembramos de pessoas e lugares que conhecemos. Os sons nos trazem lembranças e sentimentos de recordação, saudades, alegrias e outras emoções.

Conheço uma pessoa que se emociona ao ouvir um sino badalar, pois ela se lembra dos almoços na casa de sua avó. Eu me emociono ao ouvir pingos de chuva em calhas de lata, pois me lembro da janela do meu quarto quando eu era criança.

Às vezes, nos emocionamos ao escutar melodias inteiras que lembram momentos felizes. Como, por exemplo, a melodia "Parabéns a você", comum nas festas de aniversário.

BRINCADEIRA SONORA

Você se lembra de algum som especial em sua vida? Descubra os sons que o emocionam. Em dupla, mostre-os ao seu colega e escute os dele. Em seguida, sua dupla deverá criar uma história a partir dos sons de cada um.

Os sons agradáveis fazem bem ao nosso corpo. Ao ouvi-los, ficamos calmos, alegres, queremos cantar, dançar, ou só apreciá-los.

Na maioria das vezes, os sons agradáveis de ouvir são musicais.

CURIOSIDADE SONORA

A emoção que sentimos ao escutar sons já foi tema de lendas e fantasias. Entre elas, é famosa a lenda do canto das sereias que leva os marinheiros a se jogarem no mar ao escutá-lo e a história do Flautista de Hamelin, cujo som de sua flauta encantava quem o escutava.

O QUE É UM SOM?

O som nasce do movimento de um objeto que vibra, isto é, que se movimenta. Quando não há movimento, não há som. A vibração do objeto se propaga pelo ar como ondas invisíveis.

Elas são chamadas de ondas sonoras e chegam aos nossos ouvidos e, consequentemente, ao nosso cérebro. Quando isso acontece, descobrimos o tipo de som, a sua localização, a sua origem etc.

BRINCADEIRA SONORA

Experimente: bata palmas, bata os pés, assopre, assobie, bata nas bochechas, estale os dedos. Crie uma melodia com batuque corporal!

🎵 1 - Percussão com o corpo

O QUE É UM SOM MUSICAL?

O som musical é aquele som que nos emociona, que traz lembranças e apreciamos ouvi-lo.

Podemos ouvir sons musicais nas paisagens sonoras ao nosso redor. Quando eles são tocados ou cantados em sequência, formam uma melodia.

Podemos ouvir uma melodia no canto de um pássaro, no rádio do automóvel, no computador, no canto do vizinho, nas salas de concerto, nas praças, no teatro, em uma estação de metrô...

Podemos ouvir melodia ao percutir em nosso próprio corpo.

O SOM MUSICAL NA NATUREZA

Muitos animais produzem sons que nos emocionam. Por exemplo: os pássaros, as baleias jubarte e até mesmo os gatos, os cachorros e as focas.

CURIOSIDADES SONORAS

Diz uma lenda que, há muitos e muitos anos, existiu um imperador chinês que adorava escutar o canto do rouxinol. Um dia, ele capturou um rouxinol e o prendeu na gaiola para ouvir o seu canto. Apesar de estar preso, o pássaro gostava de cantar. Porém, um dia o imperador ficou encantado ao ganhar um pássaro mecânico que cantava mais vezes que o real.

Desprezado, o rouxinol verdadeiro resolveu fugir de sua gaiola e deixou o imperador. Entretanto, o pássaro mecânico cantou tanto que quebrou e o imperador ficou tão triste que adoeceu, pois sentia muita saudade do canto. O rouxinol, ao saber do fato, resolveu voltar ao palácio e, mesmo livre, cantou para o imperador que se recuperou e reinou por muitos anos.

🔘 2 - Canto do rouxinol

No Brasil, existe outra lenda sobre a beleza do canto de um pássaro. É o uirapuru, que mora na Amazônia e encanta quem o ouve.

Diz a lenda que um jovem guerreiro pediu ao deus Tupã que o transformasse em um pássaro para cantar para sua amada, a esposa do cacique. Este, ao ouvi-lo, saiu em sua busca pela floresta para capturá-lo e se perdeu. Hoje, dizem que quem ouve o canto do uirapuru terá sorte e felicidade.

🔘 3 - Canto do uirapuru

Muitas vezes os sons musicais dos animais se tornam fontes de inspiração para compositores. Com certeza, você já ouviu um gato miando, não é mesmo? Um compositor italiano bem antigo fez uma brincadeira e transformou o miado de gato em um canto dentro de uma ópera. Ouça um trecho da peça musical chamada "Dueto dos gatos", que faz parte da ópera *Otello*, de Gioacchino Rossini, escrita em 1816.

💿 4 - Trecho de "O dueto dos gatos"

Tournachon, Gaspard-Félix, 1856 - França / Domínio público

Gioacchino Rossini nasceu em Pesaro, na Itália, em 1792 e faleceu em 1868.

Outro compositor famoso chamado Vladimir Rimsky-Korsakov se inspirou no zunido de um besouro para compor uma belíssima peça musical. Ouça um trecho: "O voo do besouro", suíte, op. 57, em *Os contos do czar Saltan*, obra composta em 1900.

💿 5 - Trecho de "O voo do besouro"

Roger-Viollet / Glow Images

Nicolai Andreievitch Rimski-Korsakov nasceu na Rússia, em 18 de março de 1844, e faleceu em 1908.

BRINCADEIRA SONORA

Agora é a sua vez de cantar como um gato. Pode ser um gatinho ou um gatão, pode ser um gato delicado ou um gato bravo, imagine o seu gato e o seu miado. Junto com seu grupo de trabalho, combine os miados e crie uma canção.

BRINCADEIRA SONORA

Após ouvir um trecho de "O voo do besouro", pegue giz de cera e uma folha de papel em branco e desenhe uma paisagem com besouros e abelhas que voam fazendo zumbidos!

A VOZ: O SOM MUSICAL DO SER HUMANO

Os seres humanos são excelentes produtores de sons musicais!!! A nossa voz é um objeto sonoro que, na maioria das vezes, produz sons agradáveis, que gostamos de ouvir. Desde pequeninos, quando ainda éramos bebês, ouvíamos nossa mãe falar e cantar e ficávamos calmos e tranquilos.

A voz é resultado da passagem de ar pelas cordas vocais que vibram e produzem o som. Assim nós falamos e cantamos palavras. A voz é um instrumento musical que podemos levar para qualquer lugar, não é mesmo?

O som que sai de nossa boca é formado por vogais e consoantes. Ao combinarmos esses sons, formamos as palavras que podem ser cantadas.

BRINCADEIRA SONORA

Pergunte para a sua mãe, seu pai, seus avós e seus tios, quais as canções que eles cantavam para você quando ainda era bebê. Peça que eles cantem novamente para você ouvir. O que sentiu ao ouvi-las? Cante para seus colegas ouvirem também.

CURIOSIDADES SONORAS

Muitas pessoas gostam de cantar quando estão tomando banho. Isso acontece porque a melodia fica bem "bonita" no banheiro, pois as ondas sonoras rebatem nas paredes e na água do chuveiro e voltam rápido ao nosso ouvido, deixando o som rico e vibrante. Apesar de ser bem legal, recomendamos tomar banho rápido para economizar água!

O canto nos ajuda a lembrar de coisas importantes. Muitas pessoas aprendem com mais facilidade um texto se ele for cantado.

A FALA

Os sons das vogais (a, e, i, o, u) nascem nas cordas vocais.

Além das cordas vocais, o nariz, a garganta e a boca também influenciam na qualidade do som, pois funcionam como caixas de ressonância.

Por causa de tudo isso, cada pessoa tem uma voz diferente da outra.

Quando produzimos sons musicais com nossa boca, nós cantamos as vogais e as consoantes das palavras.

BRINCADEIRA SONORA

Fale as vogais.
Experimente:
Aaaa... Eeee... Iiii... Oooo... Uuuu...

Cante as vogais de acordo com a escadinha.

```
                        Iiii
          Eeee                      Oooo
Aaaa                                          Uuuu
```

BRINCADEIRA SONORA

Cante comigo esta canção e perceba os sons das palavras cantadas.

🎵 6 - "Cuco"

Cuco

Da Noruega distante
Veio esta canção
Cante o cuco uma vez
Preste bem atenção

Ti ri a oia
Ti ri a oia cuco
Oia ti ri a oia cuco – bis
Oia ti ri a oia

AS PROPRIEDADES DO SOM

Os músicos dizem que o timbre é a cor do som. Cada instrumento musical tem um timbre diferente, determinado pela qualidade do material do instrumento, a maneira como é tocado e pelo seu tamanho. Cada voz humana também é única e depende da formação das cordas vocais e dos ossos da face.

CURIOSIDADES SONORAS

O timbre que ouvimos quando falamos e cantamos não é o mesmo que as outras pessoas ouvem. Isso acontece porque nós ouvimos a voz produzida dentro de nossa cabeça e os outros ouvem a voz que sai de nossa boca. Esse é o motivo pelo qual ao ouvirmos a gravação da própria voz, duvidamos que aquela seja nossa fala ou canto.

BRINCADEIRA SONORA

Ouça a gravação e imagine três cores, uma para cada timbre. Faça uma bolinha pintada com a cor do som, isto é, uma cor para o timbre de cada som que você ouviu: violão, voz feminina e voz masculina. Com giz de cera, desenhe e pinte várias bolinhas com as três cores cobrindo um papel em branco.

🎵 7 - "Grande festa"

Grande festa

Grande festa vai haver
Quando nós formos casar } bis

Os sinos de nossa aldeia
Tocarão até quebrar } bis

A sineta dim dim dim
Os sinos delem dem dom } bis

A rebeca chi ri ri
E o violão borom bom bom } bis

BRINCADEIRA SONORA

Cante e dance esta canção de acordo com o timbre das vozes dos cantores. Na voz masculina, os meninos realizam os movimentos que estão na letra da música; na voz feminina, é a vez das meninas. Ao final, todos juntos terminam a canção fazendo os movimentos da letra.

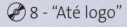 8 - "Até logo"

Até logo

Se eu dou um passinho
Pra frente eu irei
Se pulo pra trás
Aqui ficarei

Mãozinhas pro alto
Acima de mim
Corpinho pra baixo
Depressa assim

Estou muito alegre
Gostei de brincar
Adeus, até logo
Não posso ficar

BRINCADEIRA SONORA

Cartões musicais
Com régua e lápis, desenhe quatro quadrados em uma folha de papel em branco. Com giz de cera, pinte cada um com uma cor diferente. Com a tesoura, recorte um por um. Ouça os instrumentos musicais da gravação (flauta, piano, violino e tambor). Escolha uma cor para cada instrumento que você ouvir e coloque esse cartão na mesa de trabalho. Ao final, você terá uma sequência de cores de acordo com o timbre dos instrumentos musicais. Se puder, faça a mesma coisa com cada som de instrumentos de bandinha de sua escola, faça uma sequência de cartões compondo a sua melodia.

Atenção: guarde os cartões musicais. Você irá utilizá-los em outra atividade.

9 - Sons de instrumentos musicais

ALTURA DO SOM

Descobrir a altura de um som é muito fácil. Basta comparar, no mínimo, dois sons e perceber qual deles é o mais grave e o mais agudo.

Veja alguns exemplos:

Trovão **KABUUUUM**
(grave)

e

Sino da igreja **DELEM**
(agudo)

Sirene **UÓÓÓÓÓÓÓ**
(grave)

e

Apito **PRIIIIIIII**
(agudo)

DELEM
DELEM
DELEM
DELEM

Descubra outros sons graves e agudos em sua casa

Como você já sabe, um som é resultado da vibração de um objeto. A altura de um som está relacionada com a velocidade que esse objeto vibra. O som grave é obtido por uma vibração mais lenta que a do som agudo. Faça uma experiência:

Construa um instrumento

Pegue uma caixa de papelão ou madeira. Faça um buraco redondo com um diâmetro médio em sua superfície, tal como o de um violão. Amarre elásticos de prender dinheiro em volta da caixa, passando por cima do buraco, para fazer o papel das cordas.

Coloque um pequeno cavalete entre a caixa e as cordas. Toque-as e observe como elas vibram ao serem percutidas.

Para obter um som mais agudo, estique-as colocando um cavalete mais alto. Experimente os sons mais agudos. Faça várias experiências tocando, beliscando, percutindo as cordas de seu instrumento. Perceba a variação da altura de acordo com a velocidade da vibração.

CURIOSIDADES SONORAS

Quanto maior for a caixa de ressonância, o tubo por onde passa o ar ou o tamanho da corda de um instrumento musical, mais grave será o seu som!

Quanto menor, mais agudo será o seu som.

BRINCADEIRA SONORA

Cante estas canções.
Cante a primeira estrofe em tom agudo e a segunda estrofe em tom grave.

10 - "Se eu fosse"   11 - "Nota por nota"

Se eu fosse

Se eu fosse um passarinho
Bem leve eu seria
Com asas tão bonitas
Bem alto voaria

Se eu fosse um elefante
Bem pesado eu seria
Com patas tão enormes
Devagar eu andaria

Nota por nota

Dó dó dóóó ré ré rééé mi mi miii
Fá fá fááá sol sol soool
Lá lá lááá si si siii dó dó dóóó

Desço a escala nota por nota
Faço a melodia
Com atenção
É fácil cantar
Esta canção
Quase escorrego
Mas chego ao chão

Pegue os cartões musicais e escolha uma cor para cada nota. Escreva em cada cartão: dó, ré, mi, fá, sol, lá, si. Posicione os cartões na mesa seguindo a ordem da escala musical e, a cada nota que você cantar na canção, mova o cartão correspondente um degrau acima, formando uma escadinha. Na segunda estrofe, a cada linha, desça a escadinha de cartões coloridos.

INTENSIDADE DO SOM

Descobrir a intensidade de um som é muito fácil. Basta comparar, no mínimo, dois sons e perceber qual deles é o mais forte e o mais fraco.

A intensidade do som depende do nível de força que o instrumentista emprega ao tocar a nota musical.

Ouça e compare a intensidade de um som na flauta, no piano, no violino e no bumbo.

🎵 12 - Sons de instrumentos musicais

BRINCADEIRA SONORA

Cante esta melodia. Repita o refrão variando a intensidade das notas:

🎵 13 - "Tabajara"

Tabajara

Sou tabajara
Sou tabajara lá na terra de Tupã
Tem papagaio, arara, maracanã
Todas aves do céu, quem me deu foi Tupã
Foi Tupã, foi Tupã – refrão

BRINCADEIRA SONORA

Vamos brincar de maestro? Ouça um trecho da música de Vivaldi e perceba os sons fortes e fracos. Depois é só imaginar que você está regendo a orquestra.

💿 14 - Trecho de "Primavera" (primeira parte)

Antonio Vivaldi nasceu em Veneza, na Itália, em 1678 e faleceu em 1741.

Rue des Archives / Other Images

CURIOSIDADES SONORAS

O maestro é a pessoa que comanda um grupo de instrumentistas ou de cantores. Entre outras coisas, o maestro sinaliza a intensidade do som da melodia. Geralmente, o maestro eleva as mãos para indicar os sons fortes e abaixa as mãos para indicar os sons fracos. O maestro costuma usar uma batuta para ajudar na regência.

BRINCADEIRA SONORA

Pegue os cartões coloridos, cada um com o nome de uma nota. Crie uma sequência sobre a mesa. Não se esqueça da escadinha de acordo com a altura de cada som. Leia os seus cartões musicais e cante a pequena melodia que você compôs variando a intensidade do som.

A DURAÇÃO DOS SONS

Descobrir a duração de um som é muito fácil. Basta comparar, no mínimo, dois sons e perceber qual deles é o mais longo e qual é o mais curto.

Na música, um som pode durar mais tempo do que outro. Um momento de silêncio também pode durar mais tempo do que outro.

Uma melodia é composta de sons e silêncios.

Láááááááá   *som longo*
Lá   *som curto*

Para percebermos bem a duração de um som, usamos um truque: contamos mentalmente os números 1, 2, 3, 4 enquanto dura o som ou o silêncio.

Experimente cantar essa sequência contando os números só na sua mente:

Láááá   *(1, 2, 3, 4)*
silêncio   *(1, 2, 3, 4)*
Láá   *(1, 2)*
silêncio   *(1, 2)*

BRINCADEIRA SONORA

Ouça esta composição de Mozart e perceba os sons longos e os sons curtos tocados juntos.

🎵 15 - Trecho de "Sonata para piano in C, K. 545"

Mozart nasceu na Áustria em 1756 e faleceu em Viena em 1791.

ESCREVENDO OS SONS E OS SILÊNCIOS

Quem define se a melodia terá sons longos e curtos é o compositor. Quando ele compõe uma melodia, ele combina sons e silêncios longos e curtos, sons graves e agudos, fortes e fracos. Para isso, o compositor escreve a partitura musical indicando os sons longos e curtos para o instrumentista.

Como o instrumentista sabe quando deve tocar ou silenciar mais longo ou mais curto? Ele lê a partitura musical e toca o seu instrumento de acordo com as notas que estão escritas. As formas das notas mostram a sua duração. Por exemplo:

Esta é uma nota de som longo (semibreve)

Esta é uma nota de som curto (semínima)

Esta é uma pausa de duração longa (pausa de semibreve)

Esta é uma pausa de duração curta (pausa de semínima)

Como obter sons longos e curtos
nos instrumentos musicais?

Os instrumentistas tocam os sons
mais longos ou curtos controlando
os seus movimentos de acordo
com o naipe do instrumento.

🎧 16 - Sons longos e curtos

Ouça a gravação:
Assoprando:
som longo e som curto de uma flauta

Friccionando:
som longo e som curto de um violino

Percutindo:
som longo e som curto de um prato

BRINCADEIRA SONORA

Pegue os cartões musicais coloridos, cada
um com o nome de uma nota. Desenhe
uma bolinha no cartão em que você
quer uma nota mais longa. Crie uma
sequência sobre a mesa. Não esqueça
da escadinha de acordo com a altura de
cada som. Cante a pequena melodia que
você compôs variando a intensidade e a
duração de cada nota. Experimente criar
várias melodias diferentes. Experimente
criar um cartão para o silêncio e coloque-o
entre os outros para fazer a pausa do som.

O SOM MUSICAL DOS INSTRUMENTOS

Os instrumentos musicais são objetos construídos pelo Homem para produzir sons musicais. Mas nem sempre foi assim.

No começo da história da humanidade, os homens primitivos produziam sons com objetos para imitar a voz humana e os sons da natureza, como animais, chuva, trovões...

Assim surgiram as flautas feitas de osso que eram assopradas para imitar o vento, a chuva e os pássaros.

Eles percutiam os ossos de diferentes tamanhos para obter vários tipos de sons.

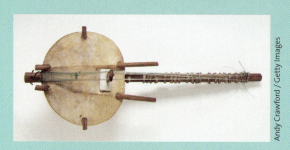

Andy Crawford / Getty Images

Mais tarde, os homens começaram a experimentar novos objetos sonoros: construíram uma espécie de berimbau, inspirado no arco e flecha utilizado nas caçadas.

© Pieter Snijder | Dreamstime.com

Surgiu o tambor feito de cabaças e peles de animais.

Ao longo do tempo, o Homem foi aperfeiçoando os materiais, as formas e os tamanhos desses objetos sonoros até construir uma orquestra inteira!

Ria Novosti / Grupo Keystone

Veja essa foto que mostra um dos primeiros conjuntos instrumentais que já existiu: a orquestra de ossos.

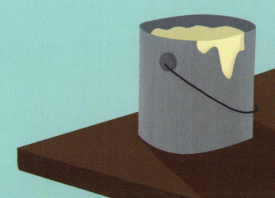

As pessoas perceberam que, melhorando a qualidade do material do objeto, melhoravam também a qualidade do som que era produzido. O que era muito legal!

Assim surgiram os construtores que foram criando e transformando mais e mais os instrumentos que produziam sons: percutindo, beliscando, assoprando ou batendo.

CURIOSIDADES SONORAS

Luthier é uma pessoa que constrói e conserta instrumentos de corda. Luteria é a arte da construção de instrumentos de cordas ou a loja desses instrumentos. Nesta imagem, vemos um dos mais famosos *luthiers* que já existiu: Antonio Stradivari.

Antonio Stradivari, pintado por Edgar Bundy (1893).

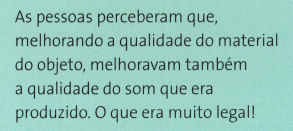

AS FAMÍLIAS DOS INSTRUMENTOS MUSICAIS

Você já sabe que o instrumentista toca uma melodia com sons e silêncios longos e curtos, sons graves e agudos, fortes e fracos. Você já sabe também que o timbre de um som é definido pela fonte sonora, que pode ser um instrumento musical.

Isso acontece porque existem várias maneiras de produzir melodias em diferentes tipos de instrumentos musicais.

Assim, para que os sons parecidos combinem agradavelmente, de acordo com a maneira de produzir o som, os músicos resolveram juntar os instrumentos semelhantes em grupos chamados famílias ou naipes.

Existem três famílias mais conhecidas:

A família dos instrumentos de sopro

Os instrumentos musicais de sopro são aqueles cujo som é produzido pelo ar.

O ar passa por dentro do instrumento de sopro, em um espaço chamado coluna de ar, e o faz vibrar provocando o som. Esse movimento de ar pode ser provocado pelo sopro do instrumentista ou por um fole, que é um sopro mecânico.

O material e o tamanho do instrumento de sopro influenciam na altura e na cor do som produzido. O tamanho do espaço por onde passa o ar influencia na altura do som produzido. Uma coluna de ar curta – como a do flautim – provoca sons mais agudos do que uma coluna de ar longa – como a da tuba, que produz sons graves.

Na orquestra, existem instrumentos de sopro que são classificados como madeira e outros como metais, de acordo com a maneira de tocar e sua sonoridade.

🎵 17 - Instrumentos de sopro

CURIOSIDADES SONORAS

Certa vez, um compositor russo resolveu compor uma obra musical chamada *Pedro e o Lobo*. O seu nome era Sergei Prokofiev e ele queria mostrar o som de vários instrumentos musicais para as crianças. Então, ele associou cada personagem da história a um instrumento musical diferente. Assim, ao ouvirmos o instrumento, imaginamos o personagem da história. Ouça um trecho da obra e preste bastante atenção para descobrir o personagem.

🎵 18 - Trecho de *Pedro e o Lobo*

Pedro: quarteto de cordas
O Pássaro: flauta
O Pato: oboé
O Gato: clarinete
O Avô: fagote
O Lobo: três trompas
Os Caçadores: o tema é introduzido pelas madeiras e os disparos das armas são representados pelos tímpanos e bumbos.

A família dos instrumentos de cordas

Os instrumentos musicais de cordas são aqueles cujo som é produzido pela vibração de cordas. Nesse tipo de instrumento, é necessário que haja uma caixa de ressonância para amplificar o som provocado por essa vibração. Assim, o tamanho da caixa e da corda influencia na altura do som produzido e na cor. As cordas mais longas produzem sons mais graves do que as mais curtas.

A maneira de tocar o instrumento de corda influencia na cor do som. Os instrumentos de corda podem ser tocados:

Friccionados com arco:
violino, violoncelo, viola
Percutidos: címbalo, berimbau
Beliscados: cravo
Dedilhado: violão, harpa

CURIOSIDADES SONORAS

O piano é considerado um instrumento de corda percutida de teclado porque o som é obtido por um martelinho acionado por uma tecla que percute uma corda dentro da caixa do piano.

Se você encontrar um piano, olhe dentro de sua caixa para ver as cordas e os martelinhos.

Quarteto de cordas: é um conjunto musical com quatro instrumentos de cordas – dois violinos, uma viola e um violoncelo.

Quarteto de piano: um conjunto musical formado por um piano, um violino, uma viola e um violoncelo.

Existem também trios e quintetos de cordas. Ouça os instrumentos do quarteto de cordas e perceba a cor do som de cada um e do conjunto.

Ludwig van Beethoven nasceu na Alemanha em 1770 e faleceu na Áustria no ano de 1827.

💿 19 - "Quarteto de cordas, Nº. 5 in A Major Op. 18"

A família dos instrumentos de percussão

Os instrumentos musicais de percussão são aqueles cujo som é produzido pela vibração do próprio corpo do instrumento. Ao ser percutido, o corpo do instrumento vibra e soa, como por exemplo: o triângulo, o prato, o reco-reco.

Alguns instrumentos de percussão têm uma pele esticada sobre uma espécie de caixa que vibra ao ser percutida com a mão ou a baqueta, por exemplo: o tambor, o tamborim, o bumbo.

O tamanho do instrumento de percussão influencia na cor do som. A maioria dos instrumentos de percussão não define a altura dos sons, isto é, não emite sons agudos ou graves, apenas fortes ou fracos.

CURIOSIDADES SONORAS

Existem conjuntos instrumentais populares que são orquestras de instrumentos de percussão. Como, por exemplo, a bateria de uma escola de samba e os conjuntos regionais do Nordeste que utilizam surdos, caixas, repiques, chocalhos, tamborins, cuícas, reco-recos, pandeiros, triângulos, agogôs e pratos. Ouça a gravação de alguns instrumentos de percussão. Perceba a cor do som de cada instrumento e a combinação de ritmos sem variação de graves e agudos. Ouça o triângulo, o agogô, a caixa e o surdo.

💿 20 - Baião

BRINCADEIRA SONORA

Vamos construir instrumentos de percussão?

Tambor
Para construir seu tambor,
você vai precisar de:
- 1 lata;
- 1 folha de plástico grosso;
- fita crepe.

Modo de fazer:
Enfeite a lateral da lata como
quiser. Imprima um desenho de
seu personagem preferido e cole.
Coloque o plástico grosso na abertura
da lata, cobrindo e esticando
bem. Prenda com a fita crepe.
Toque com uma colher ou
pedaço de pau (use um *rashi* –
talher de comida japonesa).
Experimente percutir na tampa
da lata e compare os sons.

Coquinho
Para construir seu coquinho,
você vai precisar de:
- 2 cascas de coco limpas;
- pincel e tinta guache.

Modo de fazer:
Com o pincel, decore as casca de coco.
Depois é só bater uma na outra.

Reco-reco
Para construir seu reco-reco, você vai precisar
de uma garrafa de plástico, destampada,
vazia e limpa, que tenha sulcos e relevos. Para
tocar, friccione um lápis nos sulcos da garrafa.

Clavas
Para construir as clavas, você vai precisar
de dois pedaços de cabo de vassoura com
15 cm de tamanho. Basta percutir um no
outro. Se quiser, pinte com tinta guache.

Raspa-raspa
Para construir o raspa-raspa,
você vai precisar de:
- lixa de pintor;
- 10 caixinhas de fósforo vazias;
- cola;
- papel espelho.

Modo de fazer:
Embale 4 caixinhas em uma folha
quadrada de papel espelho.
Cubra completamente um dos lados desse
embrulho com um pedaço de lixa. Do
lado oposto, cole mais uma caixinha no
centro para servir de suporte. Repita essa
operação com as outras caixinhas. Assim,
você terá duas peças iguais. Para tocar,
esfregue as lixas e segure nos suportes.

Vamos cantar?

🎵 21 - "A loja do Mestre André"

Loja do Mestre André

Foi na loja do Mestre André
Que eu comprei um tamborzinho
Tum, tum, tum, um tamborzinho

Ai olá, ai olé
Foi na loja do Mestre André
Ai olá, ai olé
Foi na loja do Mestre André

Foi na loja do Mestre André
Que eu comprei um triângulo
Tlim, tlim, tlim, um triângulo
Tum, tum, tum, um tamborzinho
Tim, tim, tim, um triângulo

Ai olá, ai olé
Foi na loja do Mestre André
Ai olá, ai olé
Foi na loja do Mestre André

Foi na loja do Mestre André
Que eu comprei um chocalho
Chiribiri bi, um chocalho
Tum, tum, tum, um tamborzinho
Tlim, tlim, tlim, um triângulo
Chiribiri bi, um chocalho

Ai olá, ai olé
Foi na loja do Mestre André
Ai olá, ai olé
Foi na loja do Mestre André

Foi na loja do Mestre André
Que eu comprei um reco-reco
Reque, reque, um reco-reco
Tum, tum, tum, um tamborzinho
Tlim, tlim, tlim, um triângulo
Chiribiri bi, um chocalho
Reque, reque, um reco-reco

Ai olá, ai olé
Foi na loja do Mestre André
Ai olá, ai olé
Foi na loja do Mestre André

COMO NASCEU A MÚSICA?

Há muito, muito tempo, homens e mulheres viviam em cavernas. Caçavam e pescavam para sobreviver. Moravam perto de animais, no meio de florestas, bem junto da natureza. Imagine os sons que esses homens e mulheres ouviam: chuva, trovões, rugidos de animais, piados de pássaros...

Não passou muito tempo, alguns deles descobriram que era bem legal imitar esses sons. Ao bater e raspar ossos, paus e pedras, eles reproduziam os sons de animais e da natureza.

Descobriram também que podiam usar a própria voz para gritar e até assustar seus companheiros.

Assim surgiram instrumentos musicais primitivos feitos de ossos que eles batiam e assopravam para produzir sons.

CURIOSIDADES SONORAS

Foi descoberto um instrumento musical com mais de 35 mil anos em uma caverna na Alemanha. Trata-se de uma pequena flauta de osso. Os pesquisadores descobriram que a flauta foi feita com osso de um urubu!

Até hoje as flautas existem! E funcionam da mesma maneira: assoprar por dentro de um tubo e deixar o ar escapar por buracos que podemos tapar ou não. Dessa forma, produzimos diferentes sons e bonitas melodias.

A flauta doce é uma das mais antigas e recebeu esse nome porque a cor do seu som é doce e melodiosa. Ouça o som de uma flauta doce.

💿 22 - Flauta doce

Além das flautas, os povos pré-históricos também gostavam dos tambores feitos com peles de animais e instrumentos com corda em forma de arco, muito semelhantes ao nosso berimbau.

Quando os grupos de homens e mulheres começaram a se organizar em aldeias, que depois se tornaram cidades, surgiram as primeiras civilizações. Ao longo de rios, por muitos lugares do mundo, surgiram povos antigos que gostavam de música e a faziam com cantos, danças e instrumentos.

No Egito, na China e na Índia, a música desses povos antigos era importante nas festividades, nas comemorações religiosas e nas guerras.

Na Grécia, nasceu a palavra "música", que significa a arte das musas. Para os gregos, o deus da música chamava-se Orfeu, filho de Apolo. Muitos anos antes de Cristo, os gregos já tocavam cítara, lira e o aulo, uma espécie de flauta. Também gostavam de desenhar e pintar cenas com músicos em vasos.

CURIOSIDADES SONORAS

A lenda grega do nascimento da lira

Dizem que, certa vez, o deus Apolo passeava pela praia quando deu com o pé no casco de uma tartaruga que estava com as tripas secas e esticadas. Apolo percebeu então que, fazendo vibrar as tripas, produzia-se som, originando assim a lira grega.

© James Steidl | Dreamstime.com

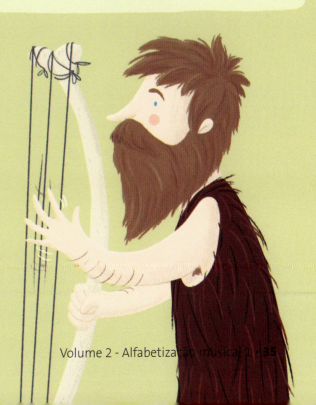

Mais tarde, na Idade Média, as pequenas aldeias cresceram e surgiu o comércio e a moeda, que servia para comprar muitas coisas e tornava as pessoas mais poderosas. Nesse tempo, surgiram os reis que mandavam em tudo e moravam em castelos cercados por muros e com muitos soldados, chamados cavaleiros.

Nas aldeias, viviam muitas famílias que trabalhavam como artesãos e havia também os agricultores. Nesse tempo, a música era tocada nas ruas por pessoas simples e nos palácios, pelos trovadores. Eles alegravam as festas e comemorações, tocando o alaúde e cantando trovinhas, que são pequenas canções de amor.

Alaúde é um instrumento de corda, feito de madeira, com uma forma bem engraçada. Ele tem uma caixa de ressonância arredondada e o braço curto e dobrado. Ouça o som do alaúde.

🎵 23 - Alaúde

BRINCADEIRAS SONORAS

Imagine que você é um trovador. Confeccione um chapéu de trovador semelhante ao que usa o personagem Peter Pan. Utilize fita crepe, tesoura e papel crepon verde. Se quiser, coloque penas coloridas para enfeitar.

Vista o seu chapéu, cante a canção "Linda Rosa Juvenil" e a acompanhe com o tambor que você confeccionou.

Algumas canções folclóricas que cantamos no Brasil tiveram origem nos tempos dos reis e rainhas europeus e foram trazidas para cá pelos portugueses, que as ensinaram aos nossos antepassados.

Leia a letra das canções "Linda rosa juvenil" e "Dona Sancha" com atenção e perceba que podemos imaginar os reis, as rainhas, as princesas e os príncipes de antigamente.

BRINCADEIRA SONORA

💿 24 - "Linda rosa juvenil"

Linda rosa juvenil

Ó linda rosa juvenil, juvenil, juvenil
Ó linda rosa juvenil, JU-VE-NIL
Vivia alegre no castelo
No castelo, no castelo
Vivia alegre no castelo, NO CAS-TE-LO
Mas uma feiticeira má
muito má, muito má
Mas uma feiticeira má, MUI-TO MÁ
Adormeceu a rosa assim
bem assim, bem assim
Adormeceu a rosa assim, BEM AS-SIM
E o tempo correu a passar, a passar, a passar
E o tempo correu a passar, A PAS-SAR
E o mato cresceu ao redor, ao redor, ao redor
E o mato cresceu ao redor, AO RE-DOR
Um dia veio um lindo rei, lindo rei, lindo rei
Um dia veio um lindo rei, LIN-DO REI
E a bela rosa despertou
despertou, despertou
E a bela rosa despertou, DES-PER-TOU
Digamos ao rei muito bem
muito bem, muito bem
Digamos todos muito bem, MUI-TO BEM

Após ouvir a canção, desenhe e pinte
com giz de cera a história da rosa
juvenil em uma folha de papel.

BRINCADEIRA SONORA

💿 25 - "Senhora dona Sancha"

Senhora dona Sancha

Senhora dona Sancha
Coberta de ouro e prata
Descubra seu rosto
Queremos ver sua cara

Que anjos são esses
Que andam rodeando
De noite e de dia
Padre-Nosso, Ave-Maria!

Somos filhos de um rei
E netos do visconde
E o "seu" rei mandou dizer
Que é pra todos se esconder

No centro da roda, a dona Sancha
é uma criança de olhos vendados.
A roda canta a primeira estrofe.
Dona Sancha responde com a
segunda estrofe, escolhe um
colega da roda e tenta adivinhar
quem ele é. Se ela descobrir, a
cantoria recomeça com nova dona
Sancha. Se ela não descobrir, todos
cantam a última estrofe e trocam
de lugar na roda rapidamente.

A AUTORA

Nereide Schilaro Santa Rosa

Pedagoga, arte-educadora e escritora especializada em Arte, já publicou cerca de 50 livros sobre esse tema em diferentes editoras desde 1990. Ganhou o Prêmio Jabuti, em 2004, com a coleção "A arte de olhar", e vários outros conferidos pela FNLIJ (Fundação Nacional do Livro Infantojuvenil). Atuou como professora e pedagoga na Prefeitura do Município de São Paulo, onde desenvolveu diferentes projetos educacionais sobre educação musical e artes plásticas. Pela Callis Editora, publicou *Arte popular na América Hispânica*; *Carlos Gomes*; *Monteiro Lobato*; *Santos-Dumont*; *Villa-Lobos*; *Volpi*; *A infância de Tatiana Belinky*; *Machado de Assis*; *Monteiro Lobato*; *Tarsila do Amaral* e *Papel e tinta*.

O ILUSTRADOR

Thiago Lopes

Paulistano nascido em 1987, Thiago Lopes Mateus é formado em Design Gráfico pelo Centro Universitário Belas Artes e pós-graduado em Design Editorial pelo Senac. Sua estreia na ilustração de livros infantis se deu pela Callis Editora em 2010, com o livro *Junta, separa e guarda*, de autoria de Vera Lúcia Dias. Além de ilustrar livros infantojuvenis, Thiago Lopes é sócio do Estúdio Kiwi, onde desenvolve ilustrações e projetos gráficos.

LISTA DAS GRAVAÇÕES DO CD
Volume 2

1 - Percussão com o corpo
2 - Canto do rouxinol
3 - Canto do uirapuru
4 - Trecho de "O dueto dos gatos" – G. Rossini
5 - Trecho de "O voo do besouro" – V. Rimsky-Korsakov
6 - "Cuco" – canção infantil escoteira
7 - "Grande festa" – folclore infantil de Portugal
8 - "Até logo" – Nereide S. Santa Rosa
9 - Sons de instrumentos musicais
10 - "Se eu fosse" – Nereide S. Santa Rosa
11 - "Nota por nota" – Nereide S. Santa Rosa
12 - Sons de instrumentos musicais
13 - "Tabajara" – canção infantil escoteira
14 - Trecho de "Primavera" (primeira parte) – A. Vivaldi
15 - Trecho de "Sonata para piano in C, K. 545" – W. A. Mozart
16 - Sons longos e curtos
17 - Instrumentos de sopro
18 - Trecho de *Pedro e o Lobo* – Sergei Prokofiev
19 - "Quarteto de cordas, Nº. 5 in A Major Op. 18" – Ludwig van Beethoven
20 - Baião
21 - "A loja do Mestre André" – folclore
22 - Flauta doce
23 - Alaúde
24 - "Linda rosa juvenil" – folclore infantil de Portugal
25 - "Senhora dona Sancha" – folclore infantil de Portugal

FICHA TÉCNICA

Cantores populares: Sérgio Rufino e Vyvian Albouquerque
Violão: Cacau Santos
Percussão: Magno Bissoli
Soprano lírica: Elaine Moraes
Alaúde: Cacau Santos
Piano: Maria Cecília Moita
Regência e produção musical: Hugo Ksenhuk

ORQUESTRA
Violinos: Luis Amatto (*spalla*), Heitor Fujinami, Liu Man Ying, Ricardo Bem Haja, Nadilson Gama, Liliana Chiriac, Paulo Caligopoulos e Alex Ximenes
Violas: Davi Rissi Caverni e Fabio Tagliaferri Sabino
Cellos: Robert Sueholtz e Meryielle Nogueira Maciente
Contrabaixo: Sérgio de Oliveira
Flauta: Marcelo Barboza
Oboé: Marcos Mincov
Clarinete: Domingos Elias
Fagote: Marcos Fokin
Trompete: Marcos Motta
Trompa: André Ficarelli
Trombone: Gilberto Gianelli
Percussão sinfônica: Sérgio Coutinho
Arranjos e programação de VSTs: Hugo Ksenhuk
Técnicos de gravação e mixagem: Ygor Andrade, Taian Cavalca, Hugo Silva e Thiago Baggio